The Fantastic Fig
Причудливый Инжир

美妙的 无花果
El Higo Fantástico

Explore Fruits, Vegetables, and Shapes in English, Russian, Chinese & Spanish

ISBN: 978-1-949676-09-9
David Ming
Yeh! Books
Everyday Concepts Vol. 2

Yeh! Books

The fantastic figs look like raindrops.
Причудливые инжиры выглядят как капли дождя.

美妙的 无花果 看起来 像 雨点。
MěiMiàoDe WúHuāGuǒ KànQǐLái Xiàng YǔDiǎn.
美妙的 無花果 看起來 像 雨點。

Los higos fantásticos parecen gotas de lluvia.

The ordinary orange is a round circle.
Обычный апельсин — это круг.

普通的 橙子 是 一个 圆形。
PǔTōngDe ChéngZi Shì YīGè YuánXíng.
普通的 橘子 是 一個 圓形。

La naranja ordinaria es un círculo redondo.

A slice of starfruit is a star.
Ломтик Карамболы выглядит как звезда.

一片 杨桃 像 一个 星形。
YīPiàn YángTáo Xiàng YīGè XīngXíng.
一片 楊桃 像 一個 星形。

Una rebanada de carambola es una estrella.

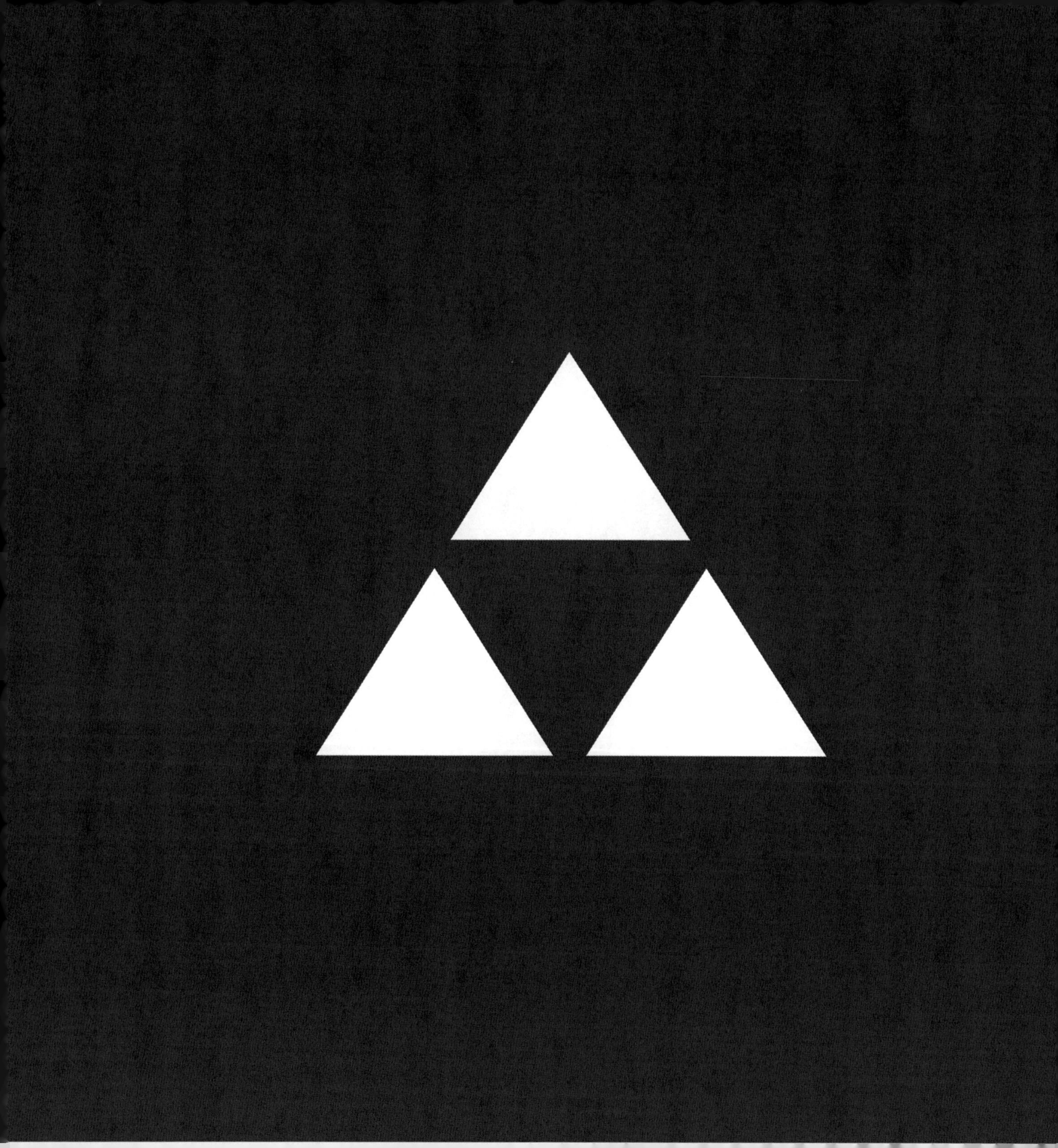

A wedge of watermelon resembles a triangle.
Клин арбуза напоминает треугольник.

一块 西瓜 类似 一个 三角形。
YīKuài XīGuā LèiSì YīGè SānJiǎoXíng.
一塊 西瓜 類似 一個 三角形。

Una cuña de sandía se asemeja un triángulo.

The banana looks like a crescent moon.
Банан выглядит как полумесяц.

香蕉 看起来 像 一个 新月形。
XiāngJiāo KànQǐLái Xiàng YīGè XīnYuèXíng.
香蕉 看起來 像 一個 新月形。

El plátano / guineo / cambur parece una luna creciente.

The container of blueberries is a square.
Коробочка черники — это квадрат.

蓝莓 的 盒子 是 一个 正方形。
LánMéi De HéZi Shì YīGè ZhèngFāngXíng.
藍莓 的 盒子 是 一個 正方形。

La caja de arándanos es un cuadrado.

The persimmon conceals an asterisk.
Хурма скрывает звездочку.

柿子 隐藏了 一个 米键 / 星号。
ShìZi YǐnCángLe YīGè MǐJiàn / XīngHào.
柿子 隱藏了 一個 米鍵 / 星號。

El caqui / El persimón esconde un asterisco.

The nori seaweed is cut into rectangles.
Морские водоросли нори разрезаются на прямоугольники.

海苔 / 紫菜 被 切 成 长方形。
HǎiTái / ZǐCài Bèi Qiè Chéng ChángFāngXíng.
海苔 / 紫菜 被 切 成 長方形。

El alga nori se corta en rectángulos.

The bowl of tomatoes resembles a trapezoid.
Чаша помидоров напоминает трапецию.

一碗 西红柿 / 番茄 类似 一个 梯形。
YīWǎn XīHóngShì / FānQié LèiSì YīGè TīXíng .
一碗 西紅柿 / 番茄 類似 一個 梯形。

El cuenco de tomates / jitomates se asemeja a un trapecio.

Cabbage grows into an oval.
Китайская капуста вырастает в форме овала.

大 白菜 长 成 椭圆形。
Dà BáiCài Zhǎng Chéng TuǒYuánXíng.
大 白菜 長 成 橢圓形。

Col / Repollo crece en un óvalo.

The crunchy lotus root looks like a wheel.
Хрустящий корень лотоса выглядит как колесо.

爽脆的 莲藕 看起来 像 一个 轮子。
ShuǎngCuìDe LiánǑu KànQǐLái Xiàng YīGè LúnZi.
爽脆的 蓮藕 看起來 像 一個 輪子。

La raíz de loto crujiente parece una rueda.

A piece of slimy okra is a pentagon.
Кусочек слизистой окры — это пятиугольник.

一块 黏 糊糊的 秋葵 是 一个 五角形。
YīKuài Nián HúHúDe QiūKuí Shì YīGè WǔJiǎoXíng.
一塊 黏 糊糊的 秋葵 是 一個 五角形。

Un trozo de okra viscosa es un pentágono.

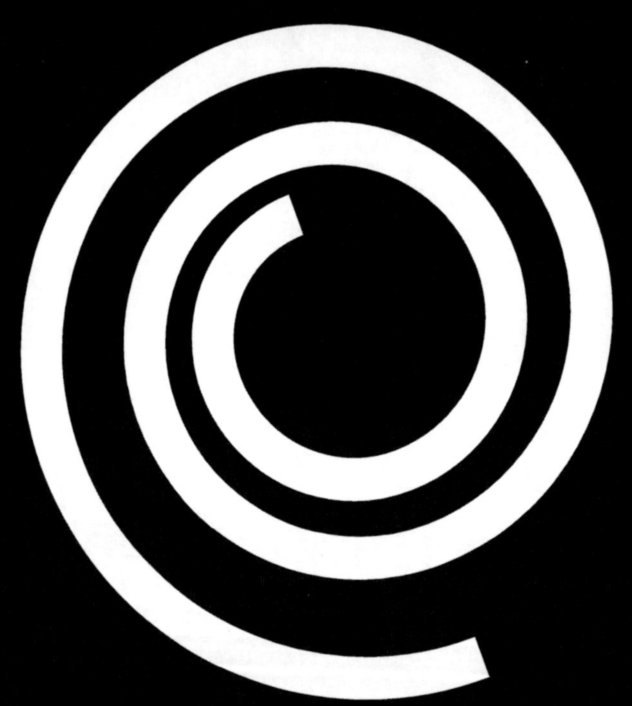

The bitter fiddlehead fern curls into a spiral.
Головка горького папоротника-орляк закручивается в спираль.

苦苦的 蕨菜 卷曲 成 螺旋形。
KǔKǔDe JuéCài JuǎnQū Chéng LuóXuánXíng.
苦苦的 蕨菜 捲曲 成 螺旋形。

El brote de helecho amargo se encrespa en una espiral.

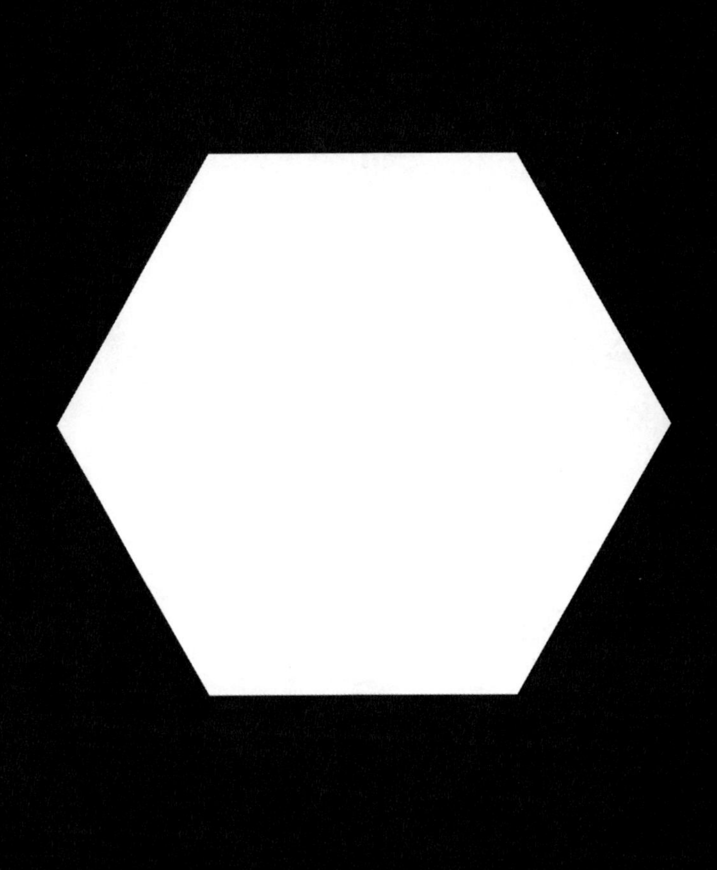

The pomegranate looks like a hexagon.
Гранат выглядит как шестиугольник.

石榴 看起来 像 一个 六角形。
ShíLiú KànQǐLái Xiàng YīGè LiùJiǎoXíng.
石榴 看起來 像 一個 六角形。

La granada parece un hexágono.

The juicy pineapple is cut into rings.
Сочный ананас нарезается кольцами.

多汁的 菠萝 / 凤梨 被 切 成 圆环。
Duō ZhīDe BōLuó / FèngLí Bèi Qiè Chéng YuánHuán.
多汁的 菠蘿 / 鳳梨 被 切 成 圓環。

La piña jugosa / El ananá jugoso se corta en anillos.

The majestic mangosteen resembles a flower.
Величественный мангостан напоминает цветок.

雄伟的 山竹果 类似 一 朵 花。
XióngWěiDe ShānZhúGuǒ LèiSì Yī Duǒ Huā.
雄偉的 山竹果 類似 一 朵 花。

El mangostán majestuoso se asemeja una flor.

The sweet strawberry hides a heart.
Сладкая клубника / земляника прячет внутри сердце.

甜甜的 草莓 隐藏着 一个 心形。
TiánTiánDe CǎoMéi YǐnCángZhe YīGè XīnXíng.
甜甜的 草莓 隱藏著 一個 心形。

La dulce fresa / frutilla esconde un corazón.

Shape	Форма	形状 / XíngZhuàng / 形狀 Simplified / Mandarin PīnYīn / Traditional 简体中文 / 拼音 / 繁體中文	Forma
Raindrop	Капля Дождя	雨点 / YǔDiǎn / 雨點 雨滴 / YǔDī / 雨滴	Gota de Lluvia
Circle	Круг	圆形 / YuánXíng / 圓形 圆圈 / YuánQuān / 圓圈	Círculo
Star	Звезда	星 / Xīng / 星	Estrella
Triangle	Треугольник	三角形 / SānJiǎoXíng / 三角形	Triángulo
Crescent	Полумесяц	新月 / XīnYuè / 新月	Media Luna Creciente
Square	Квадрат	正方形 / ZhèngFāngXíng / 正方形	Cuadrado
Asterisk	Звездочка Астериск	米键 / MǐJiàn / 米鍵 星号 / XīngHào / 星號	Asterisco
Rectangle	Прямоугольник	长方形 / ChángFāngXíng / 長方形 矩形 / JǔXíng / 矩形	Rectángulo
Trapezoid	Трапеция	梯形 / TīXíng / 梯形	Trapecio
Oval	Овал	椭圆形 / TuǒYuánXíng / 橢圓形	Óvalo
Wheel	Колесо	轮子 / LúnZi / 輪子	Rueda
Pentagon	Пятиугольник	五角形 / WǔJiǎoXíng / 五角形 五边形 / WǔBiānXíng / 五邊形	Pentágono
Spiral	Спираль	螺旋 / LuóXuán / 螺旋	Espiral
Hexagon	Шестиугольник	六角形 / LiùJiǎoXíng / 六角形 六边形 / LiùBiānXíng / 六邊形	Hexágono
Ring	Кольцо	圆环 / YuánHuán / 圓環	Anillo
Flower	Цветок	花 / Huā / 花	Flor
Heart	Сердце	心 / Xīn / 心	Corazón

Food	Еда	食物 / ShíWù Simplified / Mandarin PīnYīn / Traditional 简体中文 / 拼音 / 繁體中文	Comida
Fig	Инжир	无花果 / WúHuāGuǒ / 無花果	Higo
Orange	Апельсин	橙子 / ChéngZi / 橙子	Naranja
Starfruit	Карамболы	杨桃 / YángTáo / 楊桃	Carambola Fruta Estrella
Watermelon	Арбуз	西瓜 / XīGuā / 西瓜	Sandía
Banana	Банан	香蕉 / XiāngJiāo / 香蕉	Plátano Guineo Cambur
Blueberry	Черника	蓝莓 / LánMéi / 藍莓	Arándano
Persimon	Хурма	柿子 / ShìZi / 柿子	Cacqui Persimón
Nori Seaweed	Морская Водоросль Нори	海苔 / HǎiTái / 海苔 紫菜 / ZǐCài / 紫菜	Alga Nori
Tomato	Помидор	西红柿 / XīHóngShì / 西紅柿 番茄 / FānQié / 番茄	Tomate Jitomate
Cabbage	Китайская Капуста	大白菜 / Dà BáiCài / 大白菜	Col Repollo
Lotus Root	Корень Лотоса	莲藕 / LiánǑu / 蓮藕	Raíz de Loto
Okra	Окра	秋葵 / QiūKuí / 秋葵	Okra
Fiddlehead Fern	Папоротник-Орляк	蕨菜 / JuéCài / 蕨菜	Helecho
Pomegranate	Гранат	石榴 / ShíLiú / 石榴	Granada
Pineapple	Ананас	菠萝 / BōLuó / 菠蘿 凤梨 / FèngLí / 鳳梨	Piña Ananá
Mangosteen	Мангостин	山竹 / ShānZhú / 山竹	Mangostán
Strawberry	Клубника Земляника	草莓 / CǎoMéi / 草莓	Fresa Frutilla

Made in United States
Orlando, FL
08 December 2022

25780171R00024